新中小学生汉语考试真题集
YCT（三级）2012版

国家汉办/孔子学院总部　　编制

2016年·北京

《新中小学生汉语考试（YCT）真题集》编委会

主　任：许　琳

副主任：胡志平　马箭飞

编　委：(按姓氏笔画顺序排列)

刁玉珊	马维娜	王　璐	王宏蕊	王翠蔚	田　婷
史晓曦	过晔青	曲玉彬	吕　默	朱敬利	伍萍萍
刘　宁	刘　莉	刘　锔	刘子君	刘晓峰	闫佳佳
孙　青	苏永怡	杨青林	李　贝	李丹青	李亚男
李佩泽	肖　敏	肖佳佳	闵　健	张　慧	张泉慧
张晋军	张铁英	张潇雨	张慧君	陈中源	陈宝会
陈俊丽	周高宇	胡　逸	郝　欣	袁　礼	高一瑄
唐　煜	黄　蕾	黄小珊	曹　钢	崔新玲	符华均
韩　芳	程　缅	曾　天	曾娟娟	董亚楠	解妮妮
靖　茹	蔡　玉				

目 录

Y31108 卷试题……………………………………………………………………1

Y31108 卷听力材料………………………………………………………………17

Y31108 卷答案……………………………………………………………………20

Y31109 卷试题……………………………………………………………………21

Y31109 卷听力材料………………………………………………………………37

Y31109 卷答案……………………………………………………………………40

Y31110 卷试题……………………………………………………………………41

Y31110 卷听力材料………………………………………………………………57

Y31110 卷答案……………………………………………………………………60

Y31111 卷试题……………………………………………………………………61

Y31111 卷听力材料………………………………………………………………77

Y31111 卷答案……………………………………………………………………80

Y31212 卷试题……………………………………………………………………81

Y31212 卷听力材料………………………………………………………………97

Y31212 卷答案……………………………………………………………………100

新中小学生汉语考试
YCT（三级）

Y31108

注　　意

一、YCT（三级）分两部分：

　　1. 听力（35题，约20分钟）

　　2. 阅读（25题，30分钟）

二、听力结束后，有**5分钟**填写答题卡。

三、全部考试约60分钟（含考生填写个人信息时间5分钟）。

中国　北京　　　　　　　　国家汉办/孔子学院总部　编制

一、听 力

第一部分

第1-10题

例如：	![西瓜]	✗
	![老虎]	✓

1.	![图片]	
2.	![图片]	
3.	![图片]	
4.	![图片]	

5.		
6.		
7.		
8.		
9.		
10.		

第二部分

第 11-15 题

A	(image)	B	(image)
C	(image)	D	(image)
E	(image)	F	(image)

例如：男： Qǐchuáng ba.
　　　　　起床 吧。

　　　女： Bù, wǒ xiǎng zài shuì 10 fēnzhōng.
　　　　　不，我 想 再 睡 10 分钟。　　　　[E]

11. □

12. □

13. □

14. □

15. □

- 5 -

第 16-20 题

A

B

C

D

E

16. ☐
17. ☐
18. ☐
19. ☐
20. ☐

第三部分

第 21-30 题

例如：
Nǐ zěnme le?
你 怎么 了？

A méi shì 没事 ✓　　　B wèi shénme 为什么　　　C wǒ zhīdào 我 知道

21. A bù hǎochī 不好吃　　　B dòngwùyuán 动物园　　　C gōnggòngqìchē 公共汽车

22. A qùnián 去年　　　B diǎn bàn 8 点 半　　　C zài wàimiàn 在 外面

23. A zuò fēijī 坐 飞机　　　B dì-èr cì 第二次　　　C méiyǒu qùguo 没有 去过

24. A lánsè de 蓝色 的　　　B bú kèqi 不 客气　　　C tài yuǎn le 太 远 了

25. A bú rè 不 热　　　B bú rènshi 不 认识　　　C bù zháojí 不 着急

26. A wǒ nǎinai 我 奶奶　　　B chī miàntiáor 吃 面条儿　　　C yuè hào 7 月 16 号

27. A gǎnmào le 感冒 了　　　B tài duō le 太 多 了　　　C hái kěyǐ 还 可以

28. A ge 20 个　　　B huānyíng nǐ 欢迎 你　　　C hěn kě'ài 很 可爱

29. A huài le 坏 了　　　B qù shàngkè 去 上课　　　C mǎi dàngāo 买 蛋糕

30. A yì niánjí 一 年级　　　B tài nán le 太 难 了　　　C xǐhuan Hànyǔ 喜欢 汉语

第四部分

第 31-35 题

例如：男： Jīntiān jǐ hào le?
今天 几 号 了？

女： Jīntiān sān hào, míngtiān jiù shì nǐ de shēngrì.
今天 三 号， 明天 就 是 你 的 生日 。

问： Nǎ tiān shì tā de shēngrì?
哪 天 是 他 的 生日 ？

A sān hào 三 号　　B hào 4 号 ✓　　C jīntiān 今天

31. A shāngdiàn 商店　　B xuéxiào 学校　　C péngyou jiā 朋友 家

32. A hěn lěng 很 冷　　B hěn dà 很 大　　C shì lǜsè de 是 绿色 的

33. A tóngxué de 同学 的　　B mèimei de 妹妹 的　　C bù zhīdào 不 知道

34. A yào 药　　B bāozi 包子　　C mǐfàn 米饭

35. A chídào le 迟到 了　　B bǎ qián diū le 把 钱 丢 了　　C shēntǐ bù shūfu 身体 不 舒服

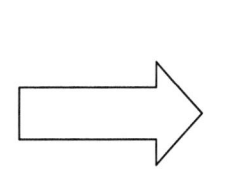

二、阅 读

第一部分

第 36-40 题

A

B

C

D

E

F

　　　　　　　Nǐ méiyǒu jiǎo ma?
例如：A：你 没 有 脚 吗 ？

　　　　　　　Shì de, wǒ méiyǒu jiǎo, dànshì wǒ kěyǐ zǒu.
　　　　B：是 的，我 没 有 脚，但 是 我 可 以 走 。　　　D

　　　　　　　Wǒ de diànnǎo bù néng shàngwǎng le, nǐ bāng wǒ kànkan.
36. A：我 的 电 脑 不 能 上 网 了，你 帮 我 看 看 。

　　　　　　　Hǎode.
　　　　B：好的 。

37. A: Gē, nǐ de chē kāi de tài màn le, néng kuài yìxiē ma?
哥，你的车开得太慢了，能快一些吗？

B: Dāngrán kěyǐ.
当然可以。 □

38. A: Nǐmen zài kàn shénme ne?
你们在看什么呢？

B: Wǒmen jiā de xiǎo māo zài shàngbian, tā zài nàr.
我们家的小猫在上边，它在那儿。 □

39. A: Nǐ qù dǎ lánqiú ma?
你去打篮球吗？

B: Xiànzài? Zǒu, yìqǐ qù.
现在？走，一起去。 □

40. A: Zhège lǐwù shì sòng gěi wǒ de?
这个礼物是送给我的？

B: Bú shì, zhè shì sòng gěi Wáng xiǎojiě de.
不是，这是送给王小姐的。 □

第二部分

第 41-45 题

例如：

A 你 走 得 太 快 。
Nǐ zǒu de tài kuài.

B 我 今年 三 年级 了。
Wǒ jīnnián sān niánjí le.

C 现在 给 奶奶 打 个 电话 。 ✓
Xiànzài gěi nǎinai dǎ ge diànhuà.

41.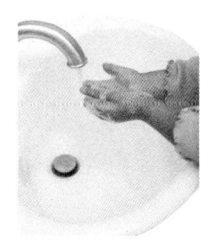

A 他家 在 医院 旁边 。
Tā jiā zài yīyuàn pángbiān.

B 洗洗 手 再 吃 面包 。
Xǐxi shǒu zài chī miànbāo.

C 我 每 天 早上 喝 杯 牛奶 。
Wǒ měi tiān zǎoshang hē bēi niúnǎi.

42.

A 她 很 快乐 。
Tā hěn kuàilè.

B 他 说 的 话 真 好笑 。
Tā shuō de huà zhēn hǎoxiào.

C 你 怎么 了？ 为 什么 哭 ？
Nǐ zěnme le? Wèi shénme kū?

43.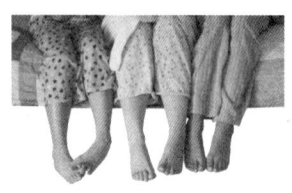

A 她 的 裙子 是 白色 的 。
Tā de qúnzi shì báisè de.

B 姐姐 比 妹妹 跑 得 快 。
Jiějie bǐ mèimei pǎo de kuài.

C 她们 都 没有 穿 鞋 。
Tāmen dōu méiyǒu chuān xié.

- 12 -

44.

A 累了？那你去休息吧。

B 这是妈妈送我的裤子。

C 要睡觉了，别喝果汁了。

45.

A 你在写什么呢？

B 弟弟最喜欢看电影。

C 你听，谁在唱歌呢？

第三部分

第 46-50 题

例如：女：这 本 书 是 谁 的？
　　　男：（ C ）。

　　A 在 家 里　　B 没 意 思　　C 我 朋 友 的

46. 男：中午 吃 饺子，怎么样？
　　女：（　　）。

　　A 不 忙　　B 没 问 题　　C 玫 瑰 花

47. 女：喂，你们 在 哪个 房间 呢？
　　男：（　　）。

　　A 309　　B 去 运 动　　C 在 里 面

48. 男：你 朋友 的 头发 是不是 很 长？
　　女：（　　）。

　　A 很 胖　　B 不 太 长　　C 是 黑色 的

49. 女：张 先生 是 做 什么 的？
　　男：（　　）。

　　A 医 生　　B 我 也 是　　C 找 铅 笔

50. 男：这些 水果 多少 钱？
　　女：（　　）。

　　A 100 块　　B 卖 西 瓜　　C 少 拿 一些

第四部分

第 51-60 题

例如：女：Nǐ xǐhuan shénme
你 喜欢 什么 （ A ）？
男：Wǒ xǐhuan tī zúqiú, yě xǐhuan dǎ lánqiú.
我 喜欢 踢 足球， 也 喜欢 打 篮球。

  A yùndòng 运动　　B diànyǐng 电影　　C yánsè 颜色

51. 男：Mā, wǒ hé tóngxué qù mǎi dōngxi.
妈， 我 和 同学 去 买 东西。
女：Hǎo, bǎ diànshì（ ）le zài chūqù.
好， 把 电视 （ ） 了 再 出去。

  A zhǎo 找　　B wán 完　　C guān 关

52. 女：Lǎoshī, zhège zì zěnme（ ）?
老师， 这个 字 怎么 （ ）？
男：Xiǎo niǎo de niǎo, tiānshang fēi de xiǎo niǎo.
小 鸟 的 鸟， 天上 飞 的 小 鸟。

  A dǒng 懂　　B wèn 问　　C dú 读

53. 男：Wǒ de（ ）ěrduo jìn shuǐ le.
我 的 （ ） 耳朵 进 水 了。
女：Nǐ zhōngwǔ qù yóuyǒng le?
你 中午 去 游泳 了？

  A qián 前　　B zuǒ 左　　C xià 下

54. 女：Nǐ huì zuò Zhōngguó cài?
你 会 做 中国 菜？
男：Duì, wǒ huì, nǐ（ ）xué ma?
对， 我 会， 你 （ ） 学 吗？

  A xiǎng 想　　B rènshi 认识　　C bāngzhù 帮助

- 15 -

55． 男：Wǒ jīntiān shì 7 diǎn 40 dào xuéxiào de, nǐ ne?
    我 今天 是 7 点 40 到 学校 的，你 呢？
    女：Wǒ bǐ nǐ zǎo bàn ge（　）。
    我 比 你 早 半 个（　）。

　　A shíjiān 时间　　B shíhou 时候　　C xiǎoshí 小时

56． 女：Zhè liǎng jiàn（　），nǐ juéde nǎ jiàn hǎokàn?
    这 两 件（　），你 觉得 哪 件 好看？
    男：Dōu hěn piàoliang, dōu kěyǐ.
    都 很 漂亮，都 可以。

　　A míngzi 名字　　B yīfu 衣服　　C shūbāo 书包

57． 男：Xià xuě le, wǒ（　）nǐ qù chēzhàn ba?
    下 雪 了，我（　）你 去 车站 吧？
    女：Hǎo, xièxie nǐ.
    好，谢谢 你。

　　A ràng 让　　B qǐng 请　　C sòng 送

58． 女：Zhè shì nǐ huà de hóuzi? Tā de bízi zěnme shì hóng de?
    这 是 你 画 的 猴子？它 的 鼻子 怎么 是 红 的？
    男：（　）tiānqì tài lěng le.
    （　）天气 太 冷 了。

　　A suǒyǐ 所以　　B yīnwèi 因为　　C dànshì 但是

59． 男：Zài lái yí ge jīdàn?
    再 来 一 个 鸡蛋？
    女：Xièxie, wǒ chī（　）le, gěi wǒ bēi chá ba.
    谢谢，我 吃（　）了，给 我 杯 茶 吧。

　　A jìn 近　　B shòu 瘦　　C bǎo 饱

60． 女：Wàimiàn（　）le, nǐ hái qù pǎobù ma?
    外面（　）了，你 还 去 跑步 吗？
    男：Qù.
    去。

　　A tiàowǔ 跳舞　　B xǐzǎo 洗澡　　C guā fēng 刮风

- 16 -

Y31108 卷听力材料

（音乐，30 秒，渐弱）

大家好！欢迎参加 YCT（三级）考试。
大家好！欢迎参加 YCT（三级）考试。
大家好！欢迎参加 YCT（三级）考试。

YCT（三级）听力考试分四部分，共 35 题。
请大家注意，听力考试现在开始。

第一部分

一共 10 个题，每题听两次。

例如：爷爷最喜欢吃香蕉。
　　　我在动物园里看到老虎了。

现在开始第 1 题：

1. 再喝一口，病就好了。
2. 这是奶奶送我的鱼。
3. 她累了，在睡觉呢。
4. 那只狗在椅子下边。
5. 我看看，里面有什么东西。
6. 你看她跳舞跳得怎么样？
7. 这就是我新买的自行车。
8. 你别说了，我不想听。
9. 他右手拿着一个杯子。
10. 你在给谁打电话？

第二部分

一共 10 个题，每题听两次。

例如：男：起床吧。
　　　女：不，我想再睡十分钟。

现在开始第 11 到 15 题：

11. 女：很好，你的眼睛很好。
    女：好的，谢谢您。

12. 男：你个子这么高，有五岁了吧？
    女：不对，我今年四岁。

13. 女：你爸爸没买香蕉？
    男：对，他就买了两个西瓜。

14. 男：我在这儿，在你后面。
    女：别叫了，我看到你了。

15. 女：你的脚还疼吗？
    男：不疼了，没事，我自己穿。

现在开始第 16 到 20 题：

16. 男：老虎在这儿，这是熊猫。
    女：这本书真有意思。

17. 女：您还有什么事情吗？
    男：没什么事情了，你去睡觉吧。

18. 男：你爱吃苹果？
    女：苹果？我现在不饿，不想吃。

19. 女：爸爸，饭做好了吗？
    男：好了，去叫爷爷吃饭吧。

20. 男：你想什么呢？
    女：我在想"一千"的"千"怎么写。

第三部分

一共 10 个题，每题听两次。

例如：你怎么了？

现在开始第 21 题：

21. 星期天你想去哪儿玩儿？
22. 今天晚上你几点回来？

23．您是第一次来北京吗？
24．她的雨伞是什么颜色的？
25．明天天气热不热？
26．你旁边的这个人是谁？
27．他足球踢得怎么样？
28．这个教室里能坐多少个学生？
29．你的自行车怎么了？
30．你为什么学习汉语？

第四部分

一共5个题，每题听两次。

例如：男：今天几号了？
　　　女：今天三号，明天就是你的生日。
　　　问：哪天是他的生日？

现在开始第31题：

31．男：明天七点起床，我们一起去学校。
　　女：好的，明天见，再见。
　　问：他们明天去哪里？

32．女：太阳和月亮哪个大？
　　男：当然是太阳大，太阳比月亮大很多。
　　问：和月亮比，太阳怎么样？

33．男：这只狗是你的？
　　女：这不是我的狗，我的狗是黄色的。
　　问：这只狗是谁的？

34．女：爸爸，我的药呢？
　　男：就在桌子上，是不是？
　　问：女的在找什么？

35．男：对不起，我昨天生病了，所以没来。
　　女：没关系，去看医生了吗？
　　问：男的昨天怎么了？

听力考试现在结束。

Y31108 卷答案

一、听 力

第一部分

1. √   2. √   3. ×   4. ×   5. √
6. ×   7. √   8. √   9. ×   10. ×

第二部分

11. C   12. B   13. F   14. A   15. D
16. E   17. A   18. C   19. D   20. B

第三部分

21. B   22. B   23. B   24. A   25. A
26. A   27. C   28. A   29. A   30. C

第四部分

31. B   32. B   33. C   34. A   35. C

二、阅 读

第一部分

36. B   37. E   38. C   39. A   40. F

第二部分

41. B   42. C   43. C   44. A   45. A

第三部分

46. B   47. A   48. B   49. A   50. A

第四部分

51. C   52. C   53. B   54. A   55. C
56. B   57. C   58. B   59. C   60. C

新中小学生汉语考试
YCT（三级）

Y31109

注　意

一、YCT（三级）分两部分：

　　1. 听力（35题，约20分钟）

　　2. 阅读（25题，30分钟）

二、听力结束后，有**5分钟**填写答题卡。

三、全部考试约**60分钟**（含考生填写个人信息时间5分钟）。

中国　北京　　　　　　　　　国家汉办/孔子学院总部　编制

一、听 力

第一部分

第1-10题

例如：	(西瓜图)	×
	(老虎图)	✓

1.	(女孩盘坐图)	
2.	(女孩作揖图)	
3.	(男孩竖大拇指图)	
4.	(双手伸出图)	

- 23 -

5.		
6.		
7.		
8.		
9.		
10.		

第 二 部 分

第 11-15 题

A

B

C

D

E

F

Qǐchuáng ba.
例如：男： 起床 吧。

　　　　　Bù, wǒ xiǎng zài shuì 10 fēnzhōng.
　　女：不，我 想 再 睡 10 分钟。　　　 E

11. ☐

12. ☐

13. ☐

14. ☐

15. ☐

- 25 -

第 16-20 题

A

B

C

D

E

16. ☐
17. ☐
18. ☐
19. ☐
20. ☐

第 16-20 题

- 26 -

第三部分

第 21-30 题

例如：你 怎么 了？
Nǐ zěnme le?

　　　A 没事 ✓　　　B 为 什么　　　C 我 知道
　　　　méi shì　　　　　wèi shénme　　　wǒ zhīdào

21.　A 读 书　　　B 星期六　　　C 9 点 半
　　　　dú shū　　　　　xīngqīliù　　　　diǎn bàn

22.　A 迟到 了　　B 下 雪 了　　C 很 着急
　　　　chídào le　　　xià xuě le　　　hěn zháojí

23.　A 新 的　　　B 妹妹 的　　　C 黑色 的
　　　　xīn de　　　　mèimei de　　　hēisè de

24.　A 7 块　　　　B 我 不 饿　　C 不 认识
　　　　kuài　　　　　wǒ bú è　　　　bú rènshi

25.　A 红色 的　　B 吃 饺子　　　C 太 远 了
　　　　hóngsè de　　chī jiǎozi　　　tài yuǎn le

26.　A 8 岁　　　　B 打 篮球　　　C 两 个 星期
　　　　suì　　　　　dǎ lánqiú　　　liǎng ge xīngqī

27.　A 中午　　　　B 车站　　　　C 坐 飞机
　　　　zhōngwǔ　　　chēzhàn　　　　zuò fēijī

28.　A 开 车　　　B 回 家　　　　C 拿 雨伞
　　　　kāi chē　　　huí jiā　　　　ná yǔsǎn

29.　A 能 上网　　B 去年 4 月　　C 在 教室 里
　　　　néng shàngwǎng　qùnián yuè　　zài jiàoshì li

30.　A 再见　　　　B 没 关　　　　C 真 可爱
　　　　zàijiàn　　　　méi guān　　　zhēn kě'ài

第四部分

第 31-35 题

例如：男： Jīntiān jǐ hào le?
今天 几 号 了？

女： Jīntiān sān hào, míngtiān jiù shì nǐ de shēngrì.
今天 三 号， 明天 就 是 你 的 生日。

问： Nǎ tiān shì tā de shēngrì?
哪 天 是 他 的 生日？

A sān hào 三号　　B hào 4号 ✓　　C jīntiān 今天

31. A hóuzi diū le 猴子丢了　　B xiǎo gǒu diū le 小狗丢了　　C xiǎo gǒu bìng le 小狗病了

32. A xīguā 西瓜　　B jīdàn 鸡蛋　　C méiguīhuā 玫瑰花

33. A hěn hǎochī 很好吃　　B tài shǎo le 太少了　　C yánsè bù hǎokàn 颜色不好看

34. A 407　　B 704　　C 714

35. A shāngdiàn 商店　　B yīyuàn 医院　　C xuéxiào 学校

二、阅 读

第一部分

第36-40题

A B C D E F

　　　　　Nǐ méiyǒu jiǎo ma?
例如：A： 你 没有 脚 吗？

　　　　　Shì de, wǒ méiyǒu jiǎo, dànshì wǒ kěyǐ zǒu.
　　　B： 是 的，我 没有 脚，但是 我 可以 走。　　　D

　　　　　Wǒ zěnme pàngle zhème duō?
36．A： 我 怎么 胖了 这么 多？

　　　　　Méi guānxi, míngtiān wǒmen jiù qù yùndòng.
　　　B： 没 关系， 明天 我们 就 去 运动 。

37. A: Māma, wǒmen chūqù wánr ba.
妈妈，我们出去玩儿吧。

B: Ràng māma bǎ cài zuòhǎo, chīle fàn zài qù wánr.
让妈妈把菜做好，吃了饭再去玩儿。 ☐

38. A: Gē, "tàiyáng" de "tài" zěnme xiě?
哥，"太阳"的"太"怎么写？

B: Zhèyàng xiě.
这样写。 ☐

39. A: Xǐhuan nǎ yí ge?
喜欢哪一个？

B: Wǒ xiǎng yào nàge lánsè de.
我想要那个蓝色的。 ☐

40. A: Wàimiàn lěng, kuài jìnlái.
外面冷，快进来。

B: Wàimiàn de fēng guā de zhēn dà.
外面的风刮得真大。 ☐

第二部分

第 41-45 题

例如:

А Nǐ zǒu de tài kuài.
　你 走 得 太 快 。

B Wǒ jīnnián sān niánjí le.
　我 今年 三 年级 了 。

C Xiànzài gěi nǎinai dǎ ge diànhuà.
　现在 给 奶奶 打 个 电话 。 ✓

41.

A Wǒ jiā de māo shì báisè de.
　我 家 的 猫 是 白色 的 。

B Zhè shì wǒ huà de xióngmāo.
　这 是 我 画 的 熊猫 。

C Nà zhī xiǎo lǎohǔ zài kàn shénme ne?
　那 只 小 老虎 在 看 什么 呢 ?

42.

A Zhè shì shuǐguǒ dàngāo.
　这 是 水果 蛋糕 。

B Xǐ ge zǎo zhēn de hěn shūfu.
　洗 个 澡 真 的 很 舒服 。

C Kàn, nàr yǒu zhī xiǎo niǎo.
　看, 那儿 有 只 小 鸟 。

43.

A Wǒ de gèzi bǐ nǐ gāo.
　我 的 个子 比 你 高 。

B Nǐmen liǎng ge zěnme kū le?
　你们 两 个 怎么 哭 了 ?

C Yīshēng, wǒ de ěrduo méi shì ba?
　医生, 我 的 耳朵 没 事 吧 ?

- 32 -

44.

Wǒ de shūbāo diū le.
A 我 的 书包 丢 了。

Nǐ xiǎng hē shénme guǒzhī?
B 你 想 喝 什么 果汁？

Wǒ kěyǐ bāng māma xǐ yīfu le.
C 我 可以 帮 妈妈 洗衣服 了。

45.

Bāozi bǐ miàntiáor hǎochī.
A 包子 比 面条儿 好吃。

Nǐ huì xiě zìjǐ de míngzi ma?
B 你 会 写 自己 的 名字 吗？

Tāmen liǎng ge dōu ài chànggē.
C 她们 两 个 都 爱 唱歌。

第三部分

第 46-50 题

例如：女：Zhè běn shū shì shéi de?
这 本 书 是 谁 的？

男：(C)。

　　A 在 家里 (zài jiā li)　　B 没 意思 (méi yìsi)　　C 我 朋友 的 (wǒ péngyou de)

46. 男：Nǐ dìdi lái Běijīng jǐ nián le?
你 弟弟 来 北京 几 年 了？

女：(　　)。

　　A 5 年 (nián)　　B 现在 (xiànzài)　　C 在 旁边 (zài pángbiān)

47. 女：Wéi, qǐng wèn Wáng xiānsheng zài ma?
喂，请 问 王 先生 在 吗？

男：(　　)。

　　A 他 瘦 了 (tā shòu le)　　B 是 医生 (shì yīshēng)　　C 他 去 跑步 了 (tā qù pǎobù le)

48. 男：Nǐ zuótiān zěnme méi lái dǎ lánqiú?
你 昨天 怎么 没 来 打 篮球？

女：(　　)。

　　A 太 忙 (tài máng)　　B 第一 次 (dì-yī cì)　　C 笑一笑 (xiàoyixiào)

49. 女：Huáng lǎoshī, nín gěi shéi mǎi yào ne?
黄 老师，您 给 谁 买 药 呢？

男：(　　)。

　　A 没 感冒 (méi gǎnmào)　　B 不 客气 (bú kèqi)　　C 我 的 学生 (wǒ de xuésheng)

50. 男：Nǐ juéde zhège yǐzi zěnmeyàng?
你 觉得 这个 椅子 怎么样？

女：(　　)。

　　A 305 块 (kuài)　　B 还 可以 (hái kěyǐ)　　C 很 有 帮助 (hěn yǒu bāngzhù)

第四部分

第 51-60 题

例如：女： Nǐ xǐhuan shénme
你 喜欢 什么 （ A ）？

男： Wǒ xǐhuan tī zúqiú, yě xǐhuan dǎ lánqiú.
我 喜欢 踢 足球， 也 喜欢 打 篮球。

　　A yùndòng 运动　　B diànyǐng 电影　　C yánsè 颜色

51. 男： Jiě, jīntiān de yuèliang zhēn dà.
姐， 今天 的 月亮 真 大。

女：（ ） jīntiān shì bā yuè shíwǔ.
今天 是 八 月 十五。

　　A yīnwèi 因为　　B suǒyǐ 所以　　C dànshì 但是

52. 女： Nǐ hái yǒu shénme wèntí ma?
你 还 有 什么 问题 吗？

男： Wǒ bù （ ） zhèr wèi shénme shì
我 不 （ ） 这儿 为 什么 是 1000？

　　A wèn 问　　B sòng 送　　C dǒng 懂

53. 男： Nǐ de qiānbǐ zhǎodàole ma?
你 的 铅笔 找到了 吗？

女： Zhǎodào le, zài zhuōzi
找到 了， 在 桌子 （ ）。

　　A xiàmiàn 下面　　B dōngxi 东西　　C shēntǐ 身体

54. 女： Qù diànyǐngyuàn yào duō cháng
去 电影院 要 多 长 （ ）？

男： Zuò gōnggòngqìchē yào bàn ge xiǎoshí.
坐 公共汽车 要 半 个 小时。

　　A shíjiān 时间　　B kùzi 裤子　　C niánjí 年级

55. 男：你去过（ ）园？
女：对，我和同学一起去过。

A 眼睛　　　B 动物　　　C 汉语

56. 女：你会游泳吗？
男：当然会，但是我游得（ ）。

A 慢　　　B 近　　　C 累

57. 男：再吃个香蕉吧？
女：谢谢，我的苹果还没吃（ ）呢。

A 走　　　B 出　　　C 完

58. 女：今天是爷爷的生日，你给爷爷打电话了吗？
男：打了，早上起床后我（ ）打了。

A 也　　　B 都　　　C 就

59. 男：你今天穿什么？
女：今天很热，我想穿（ ）。

A 鞋　　　B 裙子　　　C 礼物

60. 女：你怎么了？生病了？
男：没有，我脚（ ），没事。

A 疼　　　B 难　　　C 坏

Y31109 卷听力材料

（音乐，30 秒，渐弱）

大家好！欢迎参加 YCT（三级）考试。
大家好！欢迎参加 YCT（三级）考试。
大家好！欢迎参加 YCT（三级）考试。

YCT（三级）听力考试分四部分，共 35 题。
请大家注意，听力考试现在开始。

第一部分

一共 10 个题，每题听两次。

例如：爷爷最喜欢吃香蕉。
　　　我在动物园里看到老虎了。

现在开始第 1 题：

1. 这是我新买的裙子。
2. 你头发上是什么东西？
3. 你为什么哭？这个题不会做？
4. 左手里没有，右手里也没有。
5. 喝杯牛奶再出去玩儿。
6. 爸爸，这本书太有意思了。
7. 她是个快乐的女孩子。
8. 快一些，再有几分钟就十二点了。
9. 今天中午吃的是米饭。
10. 别说话，他们在睡觉。

第二部分

一共 10 个题，每题听两次。

例如：男：起床吧。
　　　女：不，我想再睡十分钟。

现在开始第 11 到 15 题：

11. 女：爸爸，我的水喝完了。
    男：是吗？我看看。

12. 男：我叫王乐，我是中国人。
    女：欢迎你来我们学校学习。

13. 女：你们家有几口人？
    男：五口人，爷爷、奶奶、爸爸、妈妈和我。

14. 男：你在做什么呢？
    女：我在看它的长鼻子。

15. 女：你要什么颜色的？
    男：绿色的，你有吗？

现在开始第16到20题：

16. 男：下课了，和我们去踢足球吧？
    女：好，我们去前面踢。

17. 女：在书上？我怎么没看到？
    男：别着急，我帮你找。

18. 男：听话，把菜吃了。
    女：我吃饱了，我不想吃了。

19. 女：你看，中国在这儿。
    男：那北京呢？在中国的哪里？

20. 男：喝杯茶怎么样？
    女：谢谢，我这儿有。

第三部分

一共10个题，每题听两次。

例如：你怎么了？

现在开始第21题：

21. 你每天晚上几点睡觉？
22. 爷爷，外面天气怎么样？

23. 这是谁的自行车？
24. 你好，这个面包多少钱？
25. 哪个杯子最漂亮？
26. 你学跳舞多长时间了？
27. 你知道高小姐去哪儿了吗？
28. 您明天怎么去学校？
29. 这个电脑是什么时候买的？
30. 你把电视关了吗？

第四部分

一共5个题，每题听两次。

例如：男：今天几号了？
　　　女：今天三号，明天就是你的生日。
　　　问：哪天是他的生日？

现在开始第31题：

31. 男：你今天为什么不高兴？
　　女：我的小狗找不到了。
　　问：女的为什么不高兴？

32. 女：对不起，玫瑰花卖完了。
　　男：好吧，没关系。
　　问：男的想买什么？

33. 男：你吃饱了吗？
　　女：吃饱了，爸爸，您做的鱼真好吃。
　　问：女的觉得爸爸做的鱼怎么样？

34. 女：你朋友的房间号是多少？
　　男：他的房间号是七零四。
　　问：朋友的房间号是多少？

35. 男：休息了一天，我的手还疼。
　　女：那我们明天去看医生吧。
　　问：他们明天要去哪儿？

听力考试现在结束。

Y31109 卷答案

一、听 力

第一部分

1. × 2. √ 3. × 4. √ 5. ×
6. √ 7. √ 8. √ 9. × 10. ×

第二部分

11. A 12. B 13. C 14. F 15. D
16. B 17. C 18. D 19. E 20. A

第三部分

21. C 22. B 23. B 24. A 25. A
26. C 27. B 28. A 29. B 30. B

第四部分

31. B 32. C 33. A 34. B 35. B

二、阅 读

第一部分

36. A 37. B 38. C 39. E 40. F

第二部分

41. C 42. B 43. A 44. C 45. C

第三部分

46. A 47. C 48. A 49. C 50. B

第四部分

51. A 52. C 53. A 54. A 55. B
56. A 57. C 58. C 59. B 60. A

新中小学生汉语考试

YCT（三级）

Y31110

注　　意

一、YCT（三级）分两部分：

　　1. 听力（35题，约20分钟）

　　2. 阅读（25题，30分钟）

二、听力结束后，有**5分钟**填写答题卡。

三、全部考试约60分钟（含考生填写个人信息时间5分钟）。

中国　北京　　　　　　　　　　国家汉办/孔子学院总部　编制

一、听 力

第一部分

第 1-10 题

例如：	(西瓜)	×
	(老虎)	✓

1.		
2.		
3.		
4.		

-43-

5.		
6.		
7.		
8.		
9.		
10.		

第二部分

第 11-15 题

A

B

C

D

E

F

例如：男： Qǐchuáng ba.
　　　　　起床 吧。

　　　女： Bù, wǒ xiǎng zài shuì 10 fēnzhōng.
　　　　　不，我 想 再 睡 10 分钟。　　E

11.

12.

13.

14.

15.

- 45 -

第 16-20 题

A

B

C

D

E

16. ☐
17. ☐
18. ☐
19. ☐
20. ☐

第 16-20 题

- 46 -

第三部分

第 21-30 题

例如：Nǐ zěnme le?
你 怎么 了？

  A 没事 méi shì ✓   B 为 什么 wèi shénme   C 我 知道 wǒ zhīdào

21. A 18 块 kuài   B 很 冷 hěn lěng   C 下 雪 了 xià xuě le

22. A 不 客气 bú kèqi   B 我 不 饿 wǒ bú è   C 不 疼 了 bù téng le

23. A 饭店 fàndiàn   B 上课 shàngkè   C 面条儿 miàntiáor

24. A 丢 了 diū le   B 太 大 了 tài dà le   C 在 桌子 上 zài zhuōzi shang

25. A 红色 的 hóngsè de   B 黄色 的 huángsè de   C 蓝色 的 lánsè de

26. A 5：40   B 星期三 xīngqīsān   C 两 个 小时 liǎng ge xiǎoshí

27. A 姐姐 jiějie   B 当然 会 dāngrán huì   C 不 认识 bú rènshi

28. A 玫瑰花 méiguihuā   B 教室 外面 jiàoshì wàimiàn   C 高 老师 的 Gāo lǎoshī de

29. A 很 快乐 hěn kuàilè   B 我 送 你 wǒ sòng nǐ   C 好 多 了 hǎo duō le

30. A 没 问题 méi wèntí   B 别 哭 了 bié kū le   C 我 生病 了 wǒ shēngbìng le

第四部分

第 31-35 题

例如：男： Jīntiān jǐ hào le?
今天 几 号 了？

女： Jīntiān sān hào, míngtiān jiù shì nǐ de shēngrì.
今天 三 号， 明天 就 是 你 的 生日。

问： Nǎ tiān shì tā de shēngrì?
哪 天 是 他 的 生日？

A sān hào 三 号　　B hào 4 号 ✓　　C jīntiān 今天

31. A tiàowǔ 跳舞　　B kàn diànshì 看 电视　　C huà huàr 画 画儿

32. A shòu le 瘦 了　　B méi tīngdǒng 没 听懂　　C xiǎng hē shuǐ 想 喝 水

33. A bù shūfu 不 舒服　　B chībǎo le 吃饱 了　　C tài pàng le 太 胖 了

34. A 6 suì 岁　　B 7 suì 岁　　C 9 suì 岁

35. A yīyuàn 医院　　B chēzhàn 车站　　C shāngdiàn 商店

⇒

二、阅 读

第一部分

第 36-40 题

A. [雨伞]

B. [叉开腿站立的人]

C. [拿着衣服的女孩]

D. [蜗牛]

E. [两个小朋友看书]

F. [在书架前的女人]

　　　　　Nǐ méiyǒu jiǎo ma?
例如：A：你 没有 脚 吗？

　　　　　Shì de, wǒ méiyǒu jiǎo, dànshì wǒ kěyǐ zǒu.
　　　B：是 的，我 没有 脚，但是 我 可以 走。　　D

　　　　　Wǒ de yǔsǎn huài le.
36. A：我 的 雨伞 坏 了。

　　　　　Wǒ zhèr hái yǒu yì bǎ, nǐ náqù ba.
　　　B：我 这儿 还 有 一 把，你 拿去 吧。

37. A: Zhème cháng shíjiān, nǐ zhǎodàole méi?
    这么 长 时间，你 找到 了 没？

    B: Zhǎodào le, jiù shì zhè běn.
    找到 了，就 是 这 本。 ☐

38. A: Mā, wǒ chuān nǎ jiàn hǎokàn?
    妈，我 穿 哪件 好看？

    B: Nǐ chuān qúnzi jiù hěn hǎo.
    你 穿 裙子 就 很 好。 ☐

39. A: Tā de gèzi hěn gāo.
    她 的 个子 很 高。

    B: Shì, tā bǐ wǒmen dōu gāo.
    是，她 比 我们 都 高。 ☐

40. A: Nǐ zhīdào zhège zì zěnme dú ma?
    你 知道 这个 字 怎么 读 吗？

    B: Nǎge? Ràng wǒ kànkan.
    哪个？ 让 我 看看。 ☐

第二部分

第 41-45 题

例如：

A 你 走 得 太 快 。
Nǐ zǒu de tài kuài.

B 我 今年 三 年级 了。
Wǒ jīnnián sān niánjí le.

C 现在 给 奶奶 打 个 电话 。 ✓
Xiànzài gěi nǎinai dǎ ge diànhuà.

41.

A 你 在 笑 什么 呢 ？
Nǐ zài xiào shénme ne?

B 这 只 小 狗 是 谁 的 ？
Zhè zhī xiǎo gǒu shì shéi de?

C 现在 是 8 点 ，不 是 8 点 半 。
Xiànzài shì 8 diǎn, bú shì 8 diǎn bàn.

42.

A 他 觉得 自己 感冒 了 。
Tā juéde zìjǐ gǎnmào le.

B 把 铅笔 给 我 ， 谢谢 。
Bǎ qiānbǐ gěi wǒ, xièxie.

C 他 在 房间 里 上网 呢 。
Tā zài fángjiān li shàngwǎng ne.

43.

A 这 是 我 的 生日 礼物 。
Zhè shì wǒ de shēngrì lǐwù.

B 你 好 ， 很 高兴 认识 你 。
Nǐ hǎo, hěn gāoxìng rènshi nǐ.

C 我 的 新 鞋 很 漂亮 吧 ？
Wǒ de xīn xié hěn piàoliang ba?

- 52 -

44.

A Zhèxiē jiǎozi zhēn hǎochī.
　这些 饺子 真 好吃。

B Niǎo huì fēi, yú bú huì fēi.
　鸟 会 飞，鱼 不 会 飞。

C Mā, wǒ bù xǐhuan chī zhège cài.
　妈，我 不 喜欢 吃 这个 菜。

45.

A Màn yìxiē, bié zháojí.
　慢 一些，别 着急。

B Huānyíng nǐ xià cì zài lái.
　欢迎 你 下次 再 来。

C Wǒ bù xiǎng tīng nǐ chànggē.
　我 不 想 听 你 唱歌。

第三部分

第 46-50 题

例如：女：这 本 书 是 谁 的？
　　　男：（ C ）。

　　A 在 家里　　　B 没 意思　　　C 我 朋友 的

46. 男：你 旁边 的 这个 人 是 谁？
　　 女：（　　）。

　　A 在 睡觉　　　B 我 哥哥　　　C 写完 了

47. 女：我 做 的 面包 好吃 吗？
　　 男：（　　）。

　　A 在 这儿　　　B 还 可以　　　C 喝 牛奶

48. 男：你们 怎么 去 动物园？
　　 女：（　　）。

　　A 看 老虎　　　B 5 分钟 前　　　C 坐 公共汽车

49. 女：这 几 个 杯子 是 什么 时候 买 的？
　　 男：（　　）。

　　A 去年　　　B 黑色 的　　　C 在 左边

50. 男：我们 去 游泳 怎么样？
　　 女：（　　）。

　　A 第一次　　　B 我 不会　　　C 我 知道

- 54 -

第四部分

第 51-60 题

例如：女：你 喜欢 什么 （ A ）？
Nǐ xǐhuan shénme

男：我 喜欢 踢 足球， 也 喜欢 打 篮球。
Wǒ xǐhuan tī zúqiú, yě xǐhuan dǎ lánqiú.

A 运动 yùndòng　　　B 电影 diànyǐng　　　C 颜色 yánsè

51. 男：您 是 在 叫 我 吗？
Nín shì zài jiào wǒ ma?

女：对，你 这 几 天 （　　） 吗？
Duì, nǐ zhè jǐ tiān ma?

A 远 yuǎn　　　B 近 jìn　　　C 忙 máng

52. 女：先生， 对不起， 苹果汁 没有 了。
Xiānsheng, duìbuqǐ, píngguǒzhī méiyǒu le.

男：没 关系， 那 （　　） 我 来 一 杯 绿茶 吧。
Méi guānxi, nà wǒ lái yì bēi lǜchá ba.

A 给 gěi　　　B 进 jìn　　　C 想 xiǎng

53. 男：今天 天气 怎么样？
Jīntiān tiānqì zěnmeyàng?

女：很 热，你 （　　） 穿 点儿。
Hěn rè, nǐ chuān diǎnr.

A 快 kuài　　　B 少 shǎo　　　C 新 xīn

54. 女：我 可以 再 吃 一 块儿 西瓜 吗？
Wǒ kěyǐ zài chī yí kuàir xīguā ma?

男：（　　） 可以。
kěyǐ.

A 所以 suǒyǐ　　　B 但是 dànshì　　　C 当然 dāngrán

- 55 -

55. 男：这本书很有（　），你要不要看？
　　女：这本书我看过。
　　A 意思　　　B 事情　　　C 东西

56. 女：你每天都去运动吗？
　　男：对，我每天早上都去（　）。
　　A 休息　　　B 跑步　　　C 洗澡

57. 男：外面（　）了，我不想去了。
　　女：那我也不去了。
　　A 说话　　　B 迟到　　　C 刮风

58. 女：我的（　）是2月1号的。
　　男：是去北京看你爷爷奶奶吗？
　　A 名字　　　B 飞机　　　C 自行车

59. 男：（　），我们去右边看看。
　　女：那儿没有，我们去后面看看吧。
　　A 走　　　　B 出　　　　C 开

60. 女：10点了，把（　）关了睡觉吧。
　　男：好，我这就关。
　　A 眼睛　　　B 电脑　　　C 月亮

Y31110卷听力材料

（音乐，30秒，渐弱）

大家好！欢迎参加YCT（三级）考试。
大家好！欢迎参加YCT（三级）考试。
大家好！欢迎参加YCT（三级）考试。

YCT（三级）听力考试分四部分，共35题。
请大家注意，听力考试现在开始。

第一部分

一共10个题，每题听两次。

例如：爷爷最喜欢吃香蕉。
　　　我在动物园里看到老虎了。

现在开始第1题：

1. 你头疼吗？是不是太累了？
2. 十个一百是一千。
3. 这是我新买的裤子。
4. 他们家有五口人。
5. 熊猫的耳朵是黑色的。
6. 王小姐的头发真长。
7. 你的脚太小，对不对？
8. 苹果是我最爱吃的水果。
9. 你好，这个猴子怎么卖？
10. 她在那儿打电话呢。

第二部分

一共10个题，每题听两次。

例如：男：起床吧。
　　　女：不，我想再睡十分钟。

现在开始第11到15题：

11. 女：您的小猫真可爱。
    男：它是我最好的朋友，你要和它一起玩儿吗？

12. 男：这是您的学生吗？
    女：对，他们三个都是我的学生。

13. 女：你弟弟回家了吗？
    男：没有，他和同学们在学校里打篮球呢。

14. 男：现在一点零六，我们一点半见。
    女：好的，再见。

15. 女：你在学习汉语？
    男：是，我明年要去中国。

现在开始第 16 到 20 题：

16. 男：来吃饭吧，有包子，还有鸡蛋。
    女：我洗了手就来。

17. 女：你认识这个字吗？
    男：认识，这是"帮助"的"助"。

18. 男：自行车难学吗？
    女：不难，我很快就能学会。

19. 女：你鼻子上是什么？米饭？
    男：鼻子上？我看看。

20. 男：太阳出来了，我们出去玩儿吧。
    女：不，我要上网。

第三部分

一共 10 个题，每题听两次。

例如：你怎么了？

现在开始第 21 题：

21. 这把雨伞多少钱？
22. 你为什么不吃药？

23. 你今天中午去哪儿吃饭？
24. 这个书包怎么样？
25. 香蕉是什么颜色的？
26. 明天下午的电影是几点的？
27. 你爸爸会游泳吗？
28. 椅子上那件衣服是谁的？
29. 您身体怎么样？好些了没有？
30. 昨天晚上我怎么没看到你？

第四部分

一共5个题，每题听两次。

例如：男：今天几号了？
　　　女：今天三号，明天就是你的生日。
　　　问：哪天是他的生日？

现在开始第31题：

31. 男：九点了，你怎么还不起床？
　　女：我昨晚看电视看得太晚了。
　　问：女的昨晚做什么了？

32. 女：和去年比，你瘦多了。
　　男：因为今年比去年忙。
　　问：男的怎么了？

33. 男：来，吃块儿蛋糕吧。
　　女：不，我太胖了，我不能再吃蛋糕了。
　　问：女的为什么不吃蛋糕？

34. 女：她是你妹妹？
　　男：是，她今年七岁了，上小学一年级。
　　问：他妹妹多大了？

35. 男：喂，请问白医生在家吗？
　　女：他不在家，他去医院了。
　　问：白医生去哪儿了？

听力考试现在结束。

Y31110卷答案

一、听 力

第一部分

1. √ 2. × 3. × 4. × 5. √
6. √ 7. √ 8. × 9. √ 10. ×

第二部分

11. D 12. F 13. A 14. C 15. B
16. E 17. D 18. C 19. A 20. B

第三部分

21. A 22. C 23. A 24. B 25. B
26. A 27. B 28. C 29. C 30. C

第四部分

31. B 32. A 33. C 34. B 35. A

二、阅 读

第一部分

36. A 37. F 38. C 39. B 40. E

第二部分

41. C 42. A 43. A 44. C 45. C

第三部分

46. B 47. B 48. C 49. A 50. B

第四部分

51. C 52. A 53. B 54. C 55. A
56. B 57. C 58. B 59. A 60. B

新中小学生汉语考试
YCT（三级）

Y31111

注　　意

一、YCT（三级）分两部分：

　　1. 听力（35题，约20分钟）

　　2. 阅读（25题，30分钟）

二、听力结束后，有**5**分钟填写答题卡。

三、全部考试约60分钟（含考生填写个人信息时间5分钟）。

中国　北京　　　　　　　　　国家汉办/孔子学院总部　编制

一、听 力

第一部分

第1-10题

例如：	[西瓜图片]	×
	[老虎图片]	✓

1.	[图片]	
2.	[图片]	
3.	[图片]	
4.	[图片]	

- 63 -

5.			
6.			
7.			
8.			
9.			
10.			

第二部分

第 11-15 题

A B

C D

E F

例如：男： Qǐchuáng ba.
       起床 吧。

女： Bù, wǒ xiǎng zài shuì fēnzhōng.
     不，我 想 再 睡 10 分钟 。 | E |

11. □

12. □

13. □

14. □

15. □

第 16-20 题

16.
17.
18.
19.
20.

第三部分

第 21-30 题

例如： Nǐ zěnme le?
你 怎么 了？

A 没事 méi shì ✓ B 为 什么 wèi shénme C 我 知道 wǒ zhīdào

21. A 蓝的 lán de B 去 游泳 qù yóuyǒng C 我 弟弟 的 wǒ dìdi de

22. A 两 只 liǎng zhī B 三 岁 sān suì C 9 本 běn

23. A 明天 míngtiān B 晚上 wǎnshang C 40 分钟 fēnzhōng

24. A 我 妈妈 wǒ māma B 在 外面 zài wàimiàn C 中国人 Zhōngguórén

25. A 去 洗澡 qù xǐzǎo B 下 雪 了 xià xuě le C 好 多 了 hǎo duō le

26. A 吃 饱 了 chī bǎo le B 桌子 上 zhuōzi shang C 踢 足球 tī zúqiú

27. A 米饭 mǐfàn B 果汁 guǒzhī C 面条儿 miàntiáor

28. A 再见 zàijiàn B 头 疼 tóu téng C 在 左边 zài zuǒbian

29. A 感冒 了 gǎnmào le B 很 好吃 hěn hǎochī C 第一次 dì-yī cì

30. A 喜欢 xǐhuan B 熊猫 xióngmāo C 牛奶 和 鸡蛋 niúnǎi hé jīdàn

第四部分

第 31-35 题

例如：男： Jīntiān jǐ hào le?
　　　　 今天 几 号 了？

　　　女： Jīntiān sān hào, míngtiān jiù shì nǐ de shēngrì.
　　　　 今天 三 号， 明天 就 是 你 的 生日。

　　　问： Nǎ tiān shì tā de shēngrì?
　　　　 哪 天 是 他 的 生日？

　　　A sān hào 　　B hào ✓ 　　C jīntiān
　　　 三 号　　　　　4 号　　　　　 今天

31. A shòu le　　　 B shēngbìng le　 C méi ná yīfu
　　　瘦 了　　　　　生病 了　　　　 没 拿 衣服

32. A 100 duō　　　B 700 duō　　　 C 1000 duō
　　　100 多　　　　 700 多　　　　　1000 多

33. A xuéxiào　　　B shāngdiàn　　 C fēijī shang
　　　学校　　　　　商店　　　　　　飞机 上

34. A tài yuǎn le　 B tài rè le　　　 C tài pàng le
　　　太 远 了　　　太 热 了　　　　太 胖 了

35. A tàiyáng dà　　B ài tiàowǔ　　 C zài zhèr
　　　太阳 大　　　 爱 跳舞　　　　在 这儿

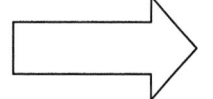

二、阅 读

第一部分

第 36-40 题

A B

C D

E F

　　　　　　Nǐ méiyǒu jiǎo ma?
例如：A：你 没有 脚 吗？

　　　　　　Shì de, wǒ méiyǒu jiǎo, dànshì wǒ kěyǐ zǒu.
　　　　B：是 的，我 没有 脚， 但是 我 可以 走。　　D

　　　　　　Jiù shì zhème zuò, zhège tí bù nán ba?
36．A：就 是 这么 做， 这个 题 不 难 吧？

　　　　　　Shì bù nán. Lǎoshī, xièxie nín.
　　　　B：是 不 难。 老师， 谢谢 您。

- 70 -

37. A: Tā zhēn kě'ài, tā jiào shénme míngzi?
    它 真 可爱，它 叫 什么 名字？

    B: Tā jiào xiǎo huáng.
    它 叫 小 黄。 ☐

38. A: Zhège qúnzi zěnmeyàng?
    这个 裙子 怎么样？

    B: Hěn piàoliang, dànshì tài cháng le.
    很 漂亮，但是 太 长 了。 ☐

39. A: Nǐ dìdi hé nǐ shuō shénme le?
    你 弟弟 和 你 说 什么 了？

    B: Tā shuō míngtiān shì yéye de shēngrì.
    他 说 明天 是 爷爷 的 生日。 ☐

40. A: Qǐng jìn, huānyíng nǐ lái wǒ jiā wánr.
    请 进，欢迎 你 来 我 家 玩儿。

    B: Xièxie nǐ.
    谢谢 你。 ☐

第二部分

第 41-45 题

例如：

A　Nǐ zǒu de tài kuài.
　　你 走 得 太 快 。

B　Wǒ jīnnián sān niánjí le.
　　我 今年 三 年级 了。

C　Xiànzài gěi nǎinai dǎ ge diànhuà. ✓
　　现在 给 奶奶 打 个 电话 。

41.

A　Nǐ de bízi zěnme le?
　　你 的 鼻子 怎么 了？

B　Jiějie de xié tài dà le.
　　姐姐 的 鞋 太 大 了。

C　Wǒ de yǔsǎn shì hēisè de.
　　我 的 雨伞 是 黑色 的 。

42.

A　Nǐ mèimei wèi shénme kū?
　　你 妹妹 为 什么 哭？

B　Tā méi qǐchuáng ne, hái zài shuìjiào.
　　她 没 起床 呢，还 在 睡觉 。

C　Zhè shì shéi sòng nǐ de shēngrì lǐwù?
　　这 是 谁 送 你 的 生日 礼物？

43.

A　Wǒ ài hē lǜchá.
　　我 爱 喝 绿茶 。

B　Kàn, wǒ de míngzi zhèyàng xiě.
　　看，我 的 名字 这样 写 。

C　Yǒu bāozi hé jiǎozi, nǐ chī shénme?
　　有 包子 和 饺子，你 吃 什么 ？

44.

A 今天 真 冷！
　　Jīntiān zhēn lěng!

B 喂，你那儿 能 上网 吗？
　　Wéi, nǐ nàr néng shàngwǎng ma?

C 你 看， 小朋友们 都 笑 了。
　　Nǐ kàn, xiǎopéngyoumen dōu xiào le.

45.

A 给 你 钱 ，400 块 。
　　Gěi nǐ qián, 400 kuài.

B 吃了 药， 病 就 好 了。
　　Chīle yào, bìng jiù hǎo le.

C 妈妈 做 的 菜 好吃 吧？
　　Māma zuò de cài hǎochī ba?

第三部分

第 46-50 题

例如：女： Zhè běn shū shì shéi de?
这 本 书 是 谁 的？

男：（ C ）。

A 在 家里　zài jiā li　　B 没 意思　méi yìsi　　C 我 朋友 的　wǒ péngyou de

46. 男： Zhōngwǔ wǒmen zuò gōnggòngqìchē qù, zěnmeyàng?
中午 我们 坐 公共汽车 去， 怎么样？

女：（　　）。

A 没 问题　méi wèntí　　B 迟到 了　chídào le　　C 去 跑步　qù pǎobù

47. 女： Nín shì jǐ diǎn dào Běijīng de?
您 是 几 点 到 北京 的？

男：（　　）。

A 去年　qùnián　　B 8 点 半　diǎn bàn　　C 6 个 小时　ge xiǎoshí

48. 男： Xīn lái de nán tóngxué gèzi gāobugāo?
新 来 的 男 同学 个子 高不高？

女：（　　）。

A 很 高　hěn gāo　　B 很 可爱　hěn kě'ài　　C 很 高兴　hěn gāoxìng

49. 女： Nǐ hǎo, zhège shūbāo zěnme mài?
你 好， 这个 书包 怎么 卖？

男：（　　）。

A 205 块　kuài　　B 右边　yòubian　　C 真 漂亮　zhēn piàoliang

50. 男： Qǐng wèn, Bái xiǎojiě zài ma?
请 问， 白 小姐 在 吗？

女：（　　）。

A 不 客气　bú kèqi　　B 她 累 了　tā lèi le　　C 她 出去 了　tā chūqù le

第四部分

第 51-60 题

例如：女：你 喜欢 什么（ A ）?
　　　　　Nǐ xǐhuan shénme

　　　男：我 喜欢 踢 足球，也 喜欢 打 篮球。
　　　　　Wǒ xǐhuan tī zúqiú, yě xǐhuan dǎ lánqiú.

　A 运动 yùndòng　　B 电影 diànyǐng　　C 颜色 yánsè

51. 男：要不要 来 一 个 面包？
    Yàobuyào lái yí ge miànbāo?
    女：不 了，谢谢，我 不（　）。
    Bù le, xièxie, wǒ bú

    A 少 shǎo　　B 饿 è　　C 饱 bǎo

52. 女：家里 没有 水果 了，你 去 买 一些 吧。
    Jiā li méiyǒu shuǐguǒ le, nǐ qù mǎi yìxiē ba.
    男：好 的，我 看（　）电视 就 去。
    Hǎo de, wǒ kàn diànshì jiù qù.

    A 完 wán　　B 关 guān　　C 玩 wán

53. 男：对不起，您 可以（　）说 一 次 吗？
    Duìbuqǐ, nín kěyǐ shuō yí cì ma?
    女：当然 可以。
    Dāngrán kěyǐ.

    A 都 dōu　　B 别 bié　　C 再 zài

54. 女：这 里面 是 什么（　）？
    Zhè lǐmiàn shì shénme
    男：杯子。
    Bēizi.

    A 意思 yìsi　　B 东西 dōngxi　　C 事情 shìqing

- 75 -

55. 男：Xiǎo shíhou wǒ xiǎng zuò yīshēng,（　）yì jiā zìjǐ de yīyuàn.
    小时候我想做医生，（　）一家自己的医院。
    女：Nà xiànzài ne?
    那现在呢？

    A 开 kāi　　　B 进 jìn　　　C 给 gěi

56. 女：Nǐ（　）nàge nǚ de shì shéi ma?
    你（　）那个女的是谁吗？
    男：Wǒ yě bú rènshi.
    我也不认识。

    A 说话 shuōhuà　　　B 觉得 juéde　　　C 知道 zhīdào

57. 男：Nǐ jīntiān zěnme zhème gāoxìng?
    你今天怎么这么高兴？
    女：Wǒmen yào qù（　）.
    我们要去（　）。

    A 老虎 lǎohǔ　　　B 玫瑰花 méiguihuā　　　C 动物园 dòngwùyuán

58. 女：Wǒ de diànnǎo（　）le, nǐ néng bāng wǒ kànkan ma?
    我的电脑（　）了，你能帮我看看吗？
    男：Duìbuqǐ, wǒ yě bú tài dǒng diànnǎo.
    对不起，我也不太懂电脑。

    A 对 duì　　　B 坏 huài　　　C 忙 máng

59. 男：Wǒ jīntiān yǒu kè, bù（　）hé nǐ yìqǐ qù kàn diànyǐng le.
    我今天有课，不（　）和你一起去看电影了。
    女：Méi guānxi.
    没关系。

    A 能 néng　　　B 听 tīng　　　C 让 ràng

60. 女：Měi ge fángjiān wǒ dōu zhǎo le, dōu méiyǒu.
    每个房间我都找了，都没有。
    男：Bié（　）, bú huì diū de, zài zhǎozhao.
    别（　），不会丢的，再找找。

    A 慢 màn　　　B 着急 zháojí　　　C 快乐 kuàilè

Y31111 卷听力材料

（音乐，30秒，渐弱）

大家好！欢迎参加 YCT（三级）考试。
大家好！欢迎参加 YCT（三级）考试。
大家好！欢迎参加 YCT（三级）考试。

YCT（三级）听力考试分四部分，共35题。
请大家注意，听力考试现在开始。

第一部分

一共10个题，每题听两次。

例如：爷爷最喜欢吃香蕉。
　　　我在动物园里看到老虎了。

现在开始第1题：

1. 她坐在椅子上。
2. 你看，水里面有很多鱼。
3. 来，我帮你把衣服穿好。
4. 苹果在他手上。
5. 那只鸟是他的好朋友。
6. 妹妹在前面，哥哥在后面。
7. 我是二零零八年五月来的。
8. 西瓜好吃吗？
9. 这是我见过的最长的鼻子。
10. 你能来帮助我，我真的很高兴。

第二部分

一共10个题，每题听两次。

例如：男：起床吧。
　　　女：不，我想再睡十分钟。

现在开始第11到15题：

11. 女：我一口也不想吃。
    男：怎么了？身体不舒服吗？

12. 男：我的裤子呢？
    女：早上我帮你洗了，在外面呢。

13. 女：你妹妹就在旁边，你要和她说话吗？
    男：好的，那您把电话给她吧。

14. 男：妈，您知道这个字怎么读？
    女：我看看，这是"头发"的"发"。

15. 女：没想到今天刮这么大的风。
    男：是，我们回去吧。

现在开始第16到20题：

16. 男：这块儿蛋糕是昨天的，别吃了。
    女：好吧。

17. 女：你没问题吧？
    男：没事，就是眼睛有些累了。

18. 男：你给谁打电话呢？
    女：我弟弟，他下星期二回来。

19. 女：爸爸，还远吗？
    男：不远了，很近，就在前面。

20. 男：你在画什么呢？
    女：我在画小猫和小狗。

第三部分

一共10个题，每题听两次。

例如：你怎么了？

现在开始第21题：

21. 那个自行车是谁的？
22. 猴子有几只耳朵？

23. 去车站要多长时间？
24. 他是哪国人？
25. 您现在身体怎么样？
26. 你的红铅笔呢？
27. 先生，您喝什么？
28. 奶奶，您哪儿不舒服？
29. 你怎么没去打篮球？
30. 王老师喜欢唱歌吗？

第四部分

一共5个题，每题听两次。

例如：男：今天几号了？
　　　女：今天三号，明天就是你的生日。
　　　问：哪天是他的生日？

现在开始第31题：

31. 男：你好，这件运动衣是你的吗？
　　女：是的，谢谢，谢谢您。
　　问：女的怎么了？

32. 女：二年级有多少学生学习汉语？
　　男：有一百多个，比去年多一些。
　　问：二年级有多少学生学习汉语？

33. 男：我们在六零四，你在哪个教室呢？
　　女：我在七二三。
　　问：他们现在在哪儿？

34. 女：因为天气太热，所以我们今天不去了。
　　男：太好了！我们可以休息了。
　　问：他们为什么不去了？

35. 男：太阳和月亮，哪个大？
　　女：当然是太阳大。
　　问：女的是什么意思？

听力考试现在结束。

Y31111 卷答案

一、听 力

第一部分

1. × 2. × 3. √ 4. × 5. √
6. √ 7. × 8. √ 9. √ 10. ×

第二部分

11. C 12. B 13. F 14. A 15. D
16. C 17. E 18. A 19. D 20. B

第三部分

21. C 22. A 23. C 24. C 25. C
26. B 27. B 28. B 29. A 30. A

第四部分

31. C 32. A 33. A 34. B 35. A

二、阅 读

第一部分

36. E 37. F 38. A 39. B 40. C

第二部分

41. B 42. C 43. B 44. C 45. B

第三部分

46. A 47. B 48. A 49. A 50. C

第四部分

51. B 52. A 53. C 54. B 55. A
56. C 57. C 58. B 59. A 60. B

新中小学生汉语考试

YCT（三级）

Y31212

注 意

一、YCT（三级）分两部分：

　　1. 听力（35题，约20分钟）

　　2. 阅读（25题，30分钟）

二、听力结束后，有**5分钟**填写答题卡。

三、全部考试约60分钟（含考生填写个人信息时间5分钟）。

中国　北京　　　　　　　　　国家汉办/孔子学院总部　编制

一、听 力

第一部分

第1-10题

例如：	[西瓜图]	×
	[老虎图]	✓

1.	[三个男孩图]	
2.	[手表图]	
3.	[小猫图]	
4.	[面包图]	

5.		
6.		
7.		
8.		
9.		
10.		

第二部分

第 11-15 题

A
B
C
D
E
F

例如：男： Qǐchuáng ba.
　　　　 起床 吧。

　　　女： Bù, wǒ xiǎng zài shuì 10 fēnzhōng.
　　　　 不，我 想 再 睡 10 分钟。　　[E]

11. ☐
12. ☐
13. ☐
14. ☐
15. ☐

第 16-20 题

A

B

C

D

E

16. ☐
17. ☐
18. ☐
19. ☐
20. ☐

第三部分

第 21-30 题

例如：你 怎么 了？
　　　Nǐ zěnme le?

A 没 事 ✓ 　　B 为 什么 　　C 我 知道
　méi shì 　　　　wèi shénme 　　　wǒ zhīdào

21. A 请 进　　　　B 不 去 了　　　C 听懂 了
　　　qǐng jìn 　　　bú qù le 　　　　tīngdǒng le

22. A 电脑　　　　B 在 教室　　　C 晚上 吧
　　　diànnǎo 　　　zài jiàoshì 　　　wǎnshang ba

23. A 去年　　　　B 6年级　　　　C 打 篮球
　　　qùnián 　　　　niánjí 　　　　　dǎ lánqiú

24. A 不 远　　　　B 钱 小姐　　　C 喜欢 跳舞
　　　bù yuǎn 　　　Qián xiǎojiě 　　xǐhuan tiàowǔ

25. A 没 去过　　　B 我 不 会　　　C 卖完 了
　　　méi qùguo 　　wǒ bú huì 　　　màiwán le

26. A 5 年　　　　B 8 月　　　　　C 第一次
　　　nián 　　　　　yuè 　　　　　　dì-yī cì

27. A 可以　　　　B 在 左边　　　C 去 医院
　　　kěyǐ 　　　　zài zuǒbian 　　　qù yīyuàn

28. A 在 那儿　　　B 穿 裙子　　　C 我 生病 了
　　　zài nàr 　　　chuān qúnzi 　　wǒ shēngbìng le

29. A 我 弟弟　　　B 不 客气　　　C 我 不 知道
　　　wǒ dìdi 　　　bú kèqi 　　　　wǒ bù zhīdào

30. A 200　　　　　B 4岁　　　　　C 很 可爱
　　　　　　　　　　suì 　　　　　　hěn kě'ài

- 87 -

第四部分

第 31-35 题

例如：男： Jīntiān jǐ hào le?
今天 几 号 了？

女： Jīntiān sān hào, míngtiān jiù shì nǐ de shēngrì.
今天 三 号， 明天 就 是 你 的 生日。

问： Nǎ tiān shì tā de shēngrì?
哪 天 是 他 的 生日？

　　A sān hào 三 号　　B hào 4 号 ✓　　C jīntiān 今天

31.　A hěn rè 很 热　　B xià yǔ le 下 雨 了　　C xià xuě le 下 雪 了

32.　A xuéxiào 学校　　B chēzhàn 车站　　C shāngdiàn 商店

33.　A bú è 不 饿　　B méi chībǎo 没 吃饱　　C xiǎng chī xīguā 想 吃 西瓜

34.　A báisè de 白色 的　　B lánsè de 蓝色 的　　C huángsè de 黄色 的

35.　A jīdàn 鸡蛋　　B shūbāo 书包　　C píngguǒ 苹果

- 88 -

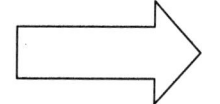

二、阅 读

第一部分

第 36-40 题

A B C D E F

Nǐ méiyǒu jiǎo ma?
例如：A：你 没有 脚 吗？

Shì de, wǒ méiyǒu jiǎo, dànshì wǒ kěyǐ zǒu.
B：是 的，我 没有 脚，但是 我 可以 走。　　D

Yéye, wǒ xiǎng shuìjiào.
36. A：爷爷，我 想 睡觉。

Hǎo, wǒmen huí fángjiān shuìjiào.
B：好，我们 回 房间 睡觉。

37. A: Jīntiān de miàntiáor zěnmeyàng?
       今天 的 面条儿 怎么样？

    B: Hěn hǎochī.
       很 好吃。

38. A: Guā fēng le, lái, bǎ yīfu chuānhǎo.
       刮 风 了，来，把 衣服 穿好。

    B: Māma, wǒ zìjǐ chuān.
       妈妈，我 自己 穿。

39. A: Yóuyǒng lèibulèi?
       游泳 累不累？

    B: Bú lèi, wǒmen xiǎng zài yóu fēnzhōng.
       不 累，我们 想 再 游 20 分钟。

40. A: Xiānsheng, zhège bēizi de yánsè kěyǐ ma?
       先生，这个 杯子 的 颜色 可以 吗？

    B: Yǒumeiyǒu lǜsè de?
       有没有 绿色 的？

第二部分

第 41-45 题

例如：

A 你 走 得 太 快 。
Nǐ zǒu de tài kuài.

B 我 今年 三 年级 了 。
Wǒ jīnnián sān niánjí le.

C 现在 给 奶奶 打 个 电话 。 ✓
Xiànzài gěi nǎinai dǎ ge diànhuà.

41.

A 这个 字 怎么 读 ？
Zhège zì zěnme dú?

B 看 这里， 笑一笑 。
Kàn zhèlǐ, xiàoyixiào.

C 不， 我 不 想 吃 香蕉 。
Bù, wǒ bù xiǎng chī xiāngjiāo.

42.

A 对不起， 我 迟到 了 。
Duìbuqǐ, wǒ chídào le.

B 去 洗澡 吧， 别 看 电视 了 。
Qù xǐzǎo ba, bié kàn diànshì le.

C 这个 题 太 难 了，他 不 会 做 。
Zhège tí tài nán le, tā bú huì zuò.

43.

A 他家的 狗 丢 了 。
Tā jiā de gǒu diū le.

B 他 在 你 的 右边 。
Tā zài nǐ de yòubian.

C 这里 有 1000 多 本 书 。
Zhèlǐ yǒu duō běn shū.

- 92 -

44.

A 你 要 喝 果汁 吗？
Nǐ yào hē guǒzhī ma?

B 这 鞋 是 我 妈妈 的。
Zhè xié shì wǒ māma de.

C 她 的 铅笔 在 桌子 上。
Tā de qiānbǐ zài zhuōzi shang.

45.

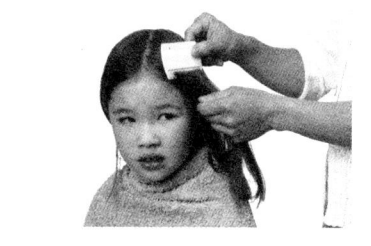

A 你 的 头发 真 漂亮。
Nǐ de tóufa zhēn piàoliang.

B 医生， 我 的 耳朵 疼。
Yīshēng, wǒ de ěrduo téng.

C 来， 多 吃 菜， 多 吃 米饭。
Lái, duō chī cài, duō chī mǐfàn.

第三部分

第 46-50 题

例如：女：这本书是谁的？

男：（ C ）。

A 在家里　　　B 没意思　　　C 我朋友的

46. 男：妈，我的裤子在哪儿？

女：（　　）。

A 再见　　　B 椅子上　　　C 买面包

47. 女：你今天怎么也坐公共汽车？你的自行车呢？

男：（　　）。

A 坏了　　　B 感冒了　　　C 不着急

48. 男：小猫最爱吃什么？

女：（　　）。

A 鱼　　　B 月亮　　　C 牛奶

49. 女：她现在身体怎么样？

男：（　　）。

A 几口　　　B 玫瑰花　　　C 还可以

50. 男：你学习汉语多长时间了？

女：（　　）。

A 15 号　　　B 写汉字　　　C 两个星期

第四部分

第51-60题

例如：女：你喜欢什么（ A ）？
男：我喜欢踢足球，也喜欢打篮球。

    A 运动   B 电影   C 颜色

51. 男：早上我看到你姐姐了，她现在真（ ）。
女：但是她觉得自己胖，每天都要去跑步。

    A 疼   B 忙   C 瘦

52. 女：高老师，我们（ ）吃午饭吧，您几点下课？
男：好，我11点半下课。

    A 一起   B 当然   C 所以

53. 男：昨天我和同学去看电影了。
女：是什么电影？有（ ）吗？

    A 事情   B 东西   C 意思

54. 女：你们这儿的饺子很好吃。
男：谢谢！（ ）您下次再来。

    A 帮助   B 欢迎   C 说话

55. 男：（　）那个 大 个子，你 认识 吗？
    女：我 不 认识。

    A 前面　　　B 问题　　　C 飞机

56. 女：这个（　）饭 后 吃，你 知道 吧？
    男：我 知道。

    A 茶　　　　B 画　　　　C 药

57. 男：你 走 得 真（　）。
    女：我 的 脚 疼。

    A 黑　　　　B 近　　　　C 慢

58. 女：请 问，这（　）衣服 多少 钱？
    男：709。

    A 只　　　　B 件　　　　C 块

59. 男：别 上网 了，我们 出去 玩儿 吧。
    女：好 的，电脑 要（　）吗？

    A 给　　　　B 关　　　　C 找

60. 女：你 妈妈（　）那个 人 是 谁？
    男：那 是 她 的 学生。

    A 小时　　　B 里面　　　C 旁边

Y31212 卷听力材料

（音乐，30 秒，渐弱）

大家好！欢迎参加 YCT（三级）考试。
大家好！欢迎参加 YCT（三级）考试。
大家好！欢迎参加 YCT（三级）考试。

YCT（三级）听力考试分四部分，共 35 题。
请大家注意，听力考试现在开始。

第一部分

一共 10 个题，每题听两次。

例如：爷爷最喜欢吃香蕉。
　　　我在动物园里看到老虎了。

现在开始第 1 题：

 1．他们四个是好朋友。
 2．你看看，现在几点了？
 3．它不爱运动，爱睡觉。
 4．晚上吃饺子，好不好？
 5．我们比一比，看谁的手大。
 6．这个猴子是爸爸送我的。
 7．你怎么了？是不是感冒了？
 8．太漂亮了！谢谢你。
 9．这是我买的新书包，怎么样？
10．她今天很快乐。

第二部分

一共 10 个题，每题听两次。

例如：男：起床吧。
　　　女：不，我想再睡十分钟。

现在开始第 11 到 15 题：

11. 女：你会开车吗？
    男：当然会开。你想学吗？

12. 男：怎么少了一本书？
    女：对不起，有一本在我这儿。

13. 女：你吃水果吗？我这儿有水果。
    男：谢谢，那我吃苹果吧。

14. 男：她怎么哭了？
    女：因为她的自行车丢了。

15. 女：你的鸟叫什么名字？
    男：它？它还没有名字呢。

现在开始第16到20题：

16. 男：这是谁送你的生日礼物？
    女：是我妈妈送我的。

17. 女：你累了吧？下午回去休息吧。
    男：没关系，我就是眼睛有些不舒服。

18. 男：你在画什么呢？
    女：我要画一个很大的太阳。

19. 女：你见过大熊猫吗？
    男：我在动物园里见过，很可爱。

20. 男：天气热，要多喝水。
    女：我知道，谢谢。

第三部分

一共10个题，每题听两次。

例如：你怎么了？

现在开始第21题：

21. 喂，明天你去不去踢足球？
22. 你什么时候给他打电话？

23．我四年级了，你呢？
24．外面是谁在唱歌呢？
25．你去过北京动物园吗？
26．你来中国多长时间了？
27．中午吃包子怎么样？
28．你怎么还没有起床？
29．他为什么不高兴？
30．你妹妹比你小几岁？

第四部分

一共5个题，每题听两次。

例如：男：今天几号了？
　　　女：今天三号，明天就是你的生日。
　　　问：哪天是他的生日？

现在开始第31题：

31．男：你的鼻子怎么这么红，外面很冷吗？
　　女：对，很冷，外面下雪了。
　　问：现在天气怎么样？

32．女：你哥哥在家吗？
　　男：不在，他去学校了。
　　问：哥哥去哪儿了？

33．男：你吃蛋糕吗？这个蛋糕很好吃。
　　女：谢谢，我不吃了，我不饿。
　　问：女的为什么不吃蛋糕？

34．女：这两个雨伞，你喜欢哪一个？
　　男：蓝色的，我喜欢蓝色的。
　　问：男的喜欢哪个雨伞？

35．男：奶奶，我能帮您做什么吗？
　　女：那你去帮我拿三个鸡蛋吧。
　　问：奶奶让他去拿什么？

听力考试现在结束。

Y31212卷答案

一、听 力

第一部分

1. × 2. √ 3. √ 4. × 5. √
6. × 7. √ 8. √ 9. × 10. ×

第二部分

11. F 12. B 13. C 14. A 15. D
16. B 17. E 18. C 19. A 20. D

第三部分

21. B 22. C 23. B 24. B 25. A
26. A 27. A 28. C 29. C 30. B

第四部分

31. C 32. A 33. A 34. B 35. A

二、阅 读

第一部分

36. C 37. B 38. E 39. F 40. A

第二部分

41. B 42. C 43. B 44. B 45. A

第三部分

46. B 47. A 48. A 49. C 50. C

第四部分

51. C 52. A 53. C 54. B 55. A
56. C 57. C 58. B 59. B 60. C

图书在版编目（CIP）数据

新中小学生汉语考试真题集：2012版.YCT三级/国家汉办/孔子学院总部编.—北京：商务印书馆，2012(2016.8重印)
ISBN 978-7-100-09074-2

I.①新… II.①国… III.①汉语-对外汉语教学-水平考试-试题 IV.① H195.4-44

中国版本图书馆CIP数据核字（2012）第072199号

所有权利保留。

未经许可，不得以任何方式使用。

新中小学生汉语考试真题集 YCT（三级）
2012版

国家汉办／孔子学院总部 编制

商 务 印 书 馆 出 版
（北京王府井大街36号　邮政编码 100710）
商 务 印 书 馆 发 行
北 京 冠 中 印 刷 厂 印刷
ISBN 978 - 7 - 100 - 09074 - 2

2012年5月第1版	开本 880×1240 1/16
2016年8月北京第2次印刷	印张 6¾

定价：44.00元